Andrea Ade

Novemberzeit

und trotzdem geht es weiter
... irgendwann

Wegbegleitung für *Verzweifelte*

MIX
Papier aus verantwortungsvollen Quellen
Paper from responsible sources
FSC® C105338

ausgebucht

*die
Gedanken belegt
keine Zeit mehr
für mich + das Leben
UNTErgaNg*

Bibliografische Information der Deutschen National-bibliothek:
Die Deutsche Nationalbibliothek verzeichnet diese Publikation in der Deutschen Nationalbibliografie; detaillierte bibliografische Daten sind im Internet über http://dnb.dnb.de abrufbar.

© 2014 Andrea Ade
© 2016 Auflage: 3 (13.09.2016)

Herstellung und Verlag: BoD – Books on Demand, Norderstedt

ISBN: 978-3-7357-9466-6

Das Leben ist ein Geschenk Gottes.
Das haben alle vergessen. Niemand ist Gott
dankbar für sein Leben, im Gegenteil, die Leute
beschweren sich ständig.
Osho

Das innere Land

Bis an alle Grenzen gegangen
das ganze Leben liegt im Nebel
der Sinn hat sich dort aufgehangen
baumelt traurig jetzt am Scil

Und trotzdem geht es weiter...
Irgendwann

Ein Buch für Menschen die nicht mehr
traurig sein wollen oder sollen

Gestorben wird zum Schluss

Doch mancher stirbt schon früher.

Enttäuscht vom Leben
und den Menschen
kann man sein Schicksal
nicht verstehen.

Der Mensch,
dem so viel Schlechtes wiederfährt
denkt was
wenn er so steht?

Es geht nicht um
das Nehmen oder Geben
du selber musst dich tragen
- ein ganzes Leben lang.

(Er)finde dich
 in deiner Einzigartigkeit.

Du bist gewollt – so spricht das Leben.

Im Irrenhaus

Jeder lebt in seinem eigenen Irrenhaus.

Wenn die Synapsen am Abgrund stehen, dann hast du das auch erlaubt.

Du und nur Du bist dein eigener Herr. Ab wann hast du dich vergessen?

Wer hat es geschafft, dass du soweit am Abgrund stehst?

„ Wahrscheinlich Du" höhnt die Welt, die dich umklammert und aufstöhnt wenn sie merkt, dass du in eine andere Richtung schlägst.

Genau das hält dich zurück und immer wieder gibst du dein Ohr

- verlierst dich dabei selbst
- verlierst die Zeit, dich selbst zu lieben.

Es geht nicht nur darum, Nächsten Liebe zu geben, oder gar mit einer Liebe alles neu zu erleben.

in dir selbst

Gib dir die Zeit
finde die Liebe
die dir fehlt.

Beginne bei dir
Liebe dich
verdammt nochmal
endlich mal selbst.

Du bist es wert.
Nur das zählt!

Über andere definieren
geht irgendwann nicht mehr.

Tja, das sind meine Gedanken – leider fehlen mir wie immer so viele Worte.
Aber auch ich lehne mich zurück und werde es versuchen:

sich finden in bedingungsloser Selbstliebe

Traumland

Du denkst in Dimension
und einer Sprache
die niemand versteht,

lebst gern in diesem Land
das dich regelmäßig aus
der Realität entführt.

Licht und Weite, sanfte Hügel,
sattes Grün und du mittendrin
in einer Welt, die nur dir gehört.

Zwei Welten

So
weit weg
kehrst du zurück
aus einer anderen Welt
Willkommen

das Ende der Traurigkeit

Traurig sein
ist die Antwort
auf ein Schicksal
das seinen Stempel
auf dich drückt.

Doch wie weit
gehst du und
nennst es Schicksal
was dich tagtäglich
neu erdrückt.

Die Stempelwelt
hat Grenzen
und es wird Zeit
dass du erkennst:

Nicht jeder kann dir
Grenzen setzen.

das Ende der Traurigkeit - jetzt musst du kämpfen

♥

Freundschaft

Manches im Leben
musst du bereden

Manches im Leben
funktioniert ohne ein Wort.

Unausgesprochen steht
die Freundschaft
in deinem Leben

und

allein der Blick darauf
entlockt dir ein Lächeln
das schöner ist
als jedes Wort.

kleine heile Welt

Du hast sie nicht gewählt
man hat dich einfach reingestellt.

Nur ein Gerüst und du sitzt mittendrin
und suchst nach Fundamenten.

War der Weg denn so verkehrt
dass nur das Unglück dich verehrt?

Der Frust sitzt auch schon jahrelang
in dieser deiner Welt.

*Das brauchst du nicht
schau durchs Gerüst
und sieh die Sonne
mit den Sternen.
Du brauchst doch nur vergessen
und mit manchem leben lernen.*

Das wäre ein Anfang
für eine neue kleine Welt.

Zukunft

Ein helles Licht
am Horizont
lässt dich vergessen
wer und was
du einmal warst:

So schön kann nur
die unbedarfte
Zukunft glänzen
und lädt dich ein
dabei zu sein.

Wie könnte man
da widerstehen
lass dich treiben
und so dem neuen Licht
entgegen wehen.

nichts als die Wahrheit

In der Tiefe der Seele
lodert das Feuer
Schlangen tanzen davor
die nackte Wahrheit
zeigt sich dem Hass
der wird vor Erregung
ganz blass ☺

Die bösen Mächte
hausen hier unten
und an manchen Tagen
dringt ihr Gebrüll
bis an dein Ohr.

Dann sitzt die Schlange
auf deiner Zunge
der Hass tobt im Kopf
und die Wahrheit weint
bittere Tränen….

Visionen

Greif
bloß
nicht
nach
dem
Rettungsanker.
Besinne
Dich
du
willst
nicht
stranden
sondern
landen.
Ich
sehe
es
schon
dein
glückliches
Gesicht.

malt mal die schwarze Welt ganz bunt

Freundschaftslektionen

So viele Treppen sind zerbrochen
nach unten nur noch schwer zu gehen
und die nach oben kannst du noch nicht sehen.

Nur der Glaube an die Freundschaft zeigt
du wirst noch ziemlich viele sehen

jedoch mit halber Kraft
total enttäuscht vom Leben
aus Angst dich wieder zu verlieren
wirst du nicht eine Einzige mehr sehen.

Die Vorsicht paart sich mit der Angst
das Schreckliche droht wieder zu passieren.

Zerbrochen ist der Glaube, ihm fehlt die Kraft
das Negative zu ignorieren und zack
bist du im Mauseloch gefangen.

Mausgrau ist nun die Welt
keine Stufe mehr nach oben …

Ach ja, da ja der Glaube ging verloren ☺ ☹

Bombenstimmung

Wehre dich doch endlich

schreit der Kopf
ihm platzte der Kragen
doch das Herz
schüttelt bedauernd den Kopf
da ist nichts zu machen
bin immer voller Mitgefühl
mal NOCH
und das immerhin seit 54 Jahren

Übergang

Die Dämmerung
verschluckt dein Leben
Erinnerungen wehen
im Gedankenstaub
lässt sich die Trauer nieder
wischt alle Tränen auf

Stärke und Stille

Stärke in der Stille finden….
Zufluchtsort - ein Leben lang.

Irgendwann zu weit gegangen:
Stärke, Stille,
wörtlich übergangen.

Neue Ziele
laut ersprochen
werden schnell zum Bumerang.

Worte die dich niederzwingen!

Verletzt gescheitert
mit tödlichem Verlauf.

Nachdem die Stärke nun begraben,
wandert Stille trauernd aus.

fünf Uhr

Der Zeiger an der Küchenuhr
er tickt sich durch die Nacht.

Die Ruhe setzt sich neben dich
und schiebt dir Kaffee zu.

Ihr schaut euch schweigend an
die Nacht wirft lange Schatten
so viel erlebt mal wieder.

Der Kaffee schmeckt so heiß
wärmt kältestete Gedanken.

Verschlafen taucht die Sonne auf
sich einen Kaffee holend - fragt
ob sie gleich scheinen darf.

Ist immerhin   5.00 Uhr

No name
aber kein JA-Produkt

Wenn Freundschaft geht

Du musst niemand kennen
der sich für dich schämt
deinen Namen
nirgendwo erwähnt
tut, als wärst du Luft.

Das geht auch anders
nämlich andersrum.
Wie fühlt man sich
als Luft????????

Und die Seele bricht nicht

Was muss passieren
damit eine Seele bricht.
Können das nur Erfahrungen
und Empfindungen sein?

Die Lehre des Lebens
beruft sich auf Tatsachen und
steckt den Kopf in den Sand.
Das Bewusstsein gibt an
die menschliche Tiefe
passe sich an und ist im
Umfeld verloren gegangen.

Das Herz so verzweifelt
will dieses und jenes
kämpft seit Jahrzehnten -
zerbricht an dem Kampf.

Was ein Krieg, der in dir wütet
schlimmer kann es gar nicht sein.

Höre in dich - ehre dich -
du bist
wie du musst sein

Spring

Auf der Straße des Lebens
brennt plötzlich ein Feuer

die Flamme der Verzweiflung
hindert dich am Weitergehen
aus Angst davor bleibst du stehen

So ein Feuer kann Jahre brennen
sogar bis in die Ewigkeit

es nimmt dir alles, hindert dich
und lässt dich einfach stehen.

Irgendwann wirst du das auch verstehen
Spring endlich durch….

so kann es doch nicht weitergehen!

zwei vor und einen zurück

Der Welt den Rücken gezeigt
das Leben immer ertragen

geduldet, aber nie verstanden
die Wartebank dauerbesetzt.

Und heute:
den Kopf voller Ideen.

Endlich Mut gefunden
so zu sein, wie es nicht anders geht.

Neue Ziele gesetzt
andere Worte gefunden:

Immer noch einsam
aber nicht mehr allein.

Die Farbe bestimmt nun das Leben.
Sich selbst genug sein

      – ein verdammt großer Schritt.

Das Schicksal
steht dir bis zum Hals

Wann wirst du ertrinken?
Du hoffst NIEMALS!
Der Schicksalsregen wird ein Ende finden
Da bist du sicher - oder
es wird sich wohl ein Ufer finden,
doch dazu musst du weitergehen.

Wer bleibt stehen
und hält den Regen aus?
Gesenkten Hauptes ertrinkt
man auch viel schneller ☺

Sollte man dem Schicksal
todesmutig in die Augen sehen
oder zum Ufer waten
und trockenen Fußes

        weitergehen ????

Neuzeit

Die Zeit schreitet langsam voran

Stunden klimpern am Handgelenk
Minuten, Sekunden tanzen vorbei

Tage weben an ihrem Patchworkkleid
Monate haben sich um den Hals gelegt

die langen Haare von Jahren zerzaust
haben Jahrzehnte ihre Gestalt gebeugt

Doch manchmal dreht sie sich um
ihre klugen Augen suchen dich

und dann wartet Sie tatsächlich

auf **DICH** ...

wieder da ♥

In der Einsamkeit
der Individualität
verrotten …
denkst du!

Pack die Tasche
weiter aus
und irgendwann
erstrahlt dein Licht.

Mit Sicherheit
glaubst dann
auch du
an DICH!!!

Dunkelheit

Ungewiss
die Zukunft
und die Angst
zerrt auch an Dir
NOCH

vom Fliegen

Die
Flügel gestutzt
bist du unfähig
auch nur einen Millimeter
abzuheben

- denkst du -

#Finale#

Spiegelverkehr(t)

Die
Seiten drehen
im Spiegel sehen
umdrehen und dann weitergehen
Selbst(er)findung

Kämpfe für dich!

Sprich
über das
was dir wehtut
zeige endlich wie du
bist.

Keine
Kompromisse mehr
die Zeit läuft
...viel hast du nicht
mehr.

vom Morgen

Ganz leise kommt die Hoffnung um die Ecke
und tritt ein - in dein Versteck.
Verletzt und zugeknöpft sitzt du verdeckt
in deinem kleinen Schneckenhaus
und willst auf keinen Fall dort raus

Der Wind er lacht
die Hoffnung hat ihn mitgebracht
singt jetzt ganz leise Melodien
Er singt vom Finden und vom Suchen
er singt vom Ärger und vom Fluchen
er singt vom Geben und nicht verstanden werden
er singt vom auf der Stelle stehen
er singt vom nie mehr weiter gehen

Doch plötzlich braust er auf
nimmt dich im Sturm mit raus
verwüstet dein Versteck
und setzt dich einfach aus!

Nicht an den ersten Tisch
den darfst du nämlich wählen
so setzt du dich schnell
zum Sonnenlicht
es wärmt und hellt und du vergisst
wie dunkel es manchmal in dir ist

Niemand ist allein

Schreiben wir über die Freiheit
des Blickwinkels

über die Zeit der Verzweiflung
und die des Verstehens.

Schreiben wir über
den Zwischen(zu)stand

nirgendwo anlehnen können
denn niemand kann
und wird das verstehen.

Schreiben wir über die Zeit
des *alleine Gehens* es geht –
doch wie gut geht man damit?

Schreiben wir über all das!
Wir werden sehen was wir schreiben
es ist das tiefe Gefühl in uns.

****

Ich
denke nicht!
Schreibe immer nur!
Erfinde mich dabei neu!
ZUKUNFT!

****

Vielen Dank
für das Interesse an meinen Gedanken
und
ich wünsche Euch
viel Licht auf Euren Wegen

Andrea Ade
www.die-vanga.de